GUÉPARD
FAIT LES BONS CHOIX

CE LIVRE APPARTIENT À :

Pour Rowan et Robin
GC

© 2024, Clorophyl / Éditions 123 Soleil
pour l'édition en langue française
2, Le Gué - 35380 Plélan-le-Grand - France
Publié pour la première fois en Grande-Bretagne en 2023
par North Parade Publishing sous le titre original
"When Cheetah makes good choices"

Illustrations © Krishna Kumar, 2023
Traduction et adaptation française : Charlie Meunier
Suivi éditorial : L'Atelier Cloro

Code éditeur : 978-2-38453
Dépôt légal : janvier 2024
Imprimé en Chine

Loi n° 49-956 du 16 juillet 1949
sur les publications destinées à la jeunesse

GUÉPARD FAIT LES BONS CHOIX

Gemma Cary
Krishna Kumar
Adapté de l'anglais
par Charlie Meunier

Loin, très loin d'ici, dans les hautes herbes sèches,
un guépard court gaiement vers son école.

Guépard sait qu'en classe, il doit être sage et rester calme, pour n'embêter personne. Mais il lui arrive de se laisser emporter et de piquer une petite colère. Eh bien, pas aujourd'hui !

— Bonjour, les enfants ! dit le maître.
Aujourd'hui lundi, une nouvelle semaine commence !

— Et cette semaine
sera celle des bons choix :
avoir des gestes doux
et parler gentiment,
sans crier.

Après l’appel, c’est l’heure de jouer à “Quoi de neuf ?”
— N’oubliez pas : on lève le doigt, on ne hurle pas, répète le maître.

Mais Guépard se dresse d'un bond.
— Moi, j'ai apporté cette jolie petite bestiole ! crie-t-il.
Le maître regarde Guépard en fronçant les sourcils.
D'une voix calme, il demande à son élève de se rasseoir.

Croco, lui, lève le doigt
pour montrer le bout de bois
qu'il a sculpté.

Puis Lion déplie un dessin.

Et Hippo fait un tour de magie !

Quand le maître dit “C’est bien, on arrête maintenant”,
Guépard proteste, très énervé.
— La prochaine fois, attends poliment ton tour
et je t’interrogerai peut-être, lui dit alors le maître.

Maintenant, cours de dessin. Tous les élèves sortent leur matériel et au travail ! Sauf Guépard, qui préfère courir comme un fou en laissant partout des traces de peinture !

— Guépard ! l'appelle le maître. Crois-tu vraiment
que courir dans la classe, c'est une bonne idée ?
Guépard regarde le maître, un peu honteux, et secoue la tête.

Mardi, le maître accueille les enfants en disant :
— Pour vendredi, j'ai prévu quelque chose qui devrait vous amuser.

— Savez-vous ce qu'est un bibliobus ? Non ? Eh bien, vendredi, vous en verrez un ici ! Si vous êtes sages cette semaine, on montera tous dedans pour passer une bonne journée !

Le jeudi matin, le maître annonce :
— Aujourd'hui, on se lance dans les inventions !
Utilisez tout ce qu'il y a sur la table — à vous de choisir !
Inutile de vous disputer — il y en a assez pour tout le monde.

Guépard, évidemment, veut tout ce que ses copains ont déjà choisi.
Mais en voyant la tête qu'ils font, il se dépêche d'arrêter.

— J'ai que des idées nulles ! s'écrie Guépard, alors que tout le monde est concentré pour trouver quoi inventer.
Il froisse sa feuille et s'apprête à la balancer dans la classe quand il croise le regard de Girafe.

— Tu veux que je t'aide ?
propose-t-elle.
Franchement, jeter ton dessin,
ce n'est pas la bonne décision !

Ensuite, pause déjeuner.
Dans la queue de la cantine,
Guépard repère un petit
gâteau bien appétissant.

Oh, Hippo l'a pris !
Guépard est en colère !
Il tend la patte — pour essayer
de le récupérer !

— Guépard, murmure Hippo d'une voix douce,
tu es sûr que me prendre mon gâteau, c'est le bon choix ?

À la fin de la journée, les élèves ont achevé leurs inventions.
— J'aimerais que chacun à votre tour, vous expliquiez l'objet que vous avez créé, demande le maître.
Écoutez vos camarades et faites preuve de gentillesse !

Guépard a du mal à attendre son tour.
Mais il réussit à ne pas s'énerver pour montrer ce qu'il a inventé.

Le vendredi, Guépard fait à plusieurs reprises le bon choix. Ce que ses copains confirment tous, l'un après l'autre.

— Guépard m'a aidé à ranger.

— Il m'a dit quelque chose de gentil !

— Il a des gestes
très doux !

— Et il jette sa peau
de banane dans
la poubelle !

Attendez... C’est quoi, ce bruit de moteur ?
— C’est le bibliobus ! Il est là ! Il est là !

— Bravo pour tes très bons choix ! dit le maître à Guépard.
Les élèves montent dans le bibliobus en discutant.
Ils en explorent tous les recoins et chacun s’offre
le plaisir de choisir un super-bon livre !!

À L'ATTENTION DES PARENTS

Encourager votre enfant à faire les bons choix, c'est lui permettre de contrôler son comportement. C'est aussi lui donner les moyens d'acquérir le sens des responsabilités. Plus on apprend jeune à décider et à choisir, mieux on maîtrise ces qualités indispensables.

COMMENT ENCOURAGER VOTRE ENFANT À FAIRE LES BONS CHOIX

- Rappelez à votre enfant que certains de ses choix peuvent perturber les autres. Qu'il réfléchisse avant d'agir, pour par exemple garder son calme même quand il perd une partie de foot.

- Expliquez à votre enfant que, parfois, il faut réfléchir avant de choisir. Décider trop vite ou réagir à chaud, ça peut amener un comportement inadapté. Si on prend son temps, on réagira sans doute de façon plus avisée.

- N'oubliez pas que votre enfant n'a pas toujours envie de faire le choix adéquat. Il peut avoir besoin qu'on l'aide à trouver la bonne solution.

- S'il fait un mauvais choix, discutez avec lui des conséquences de cette décision. Il comprendra que, la prochaine fois, il vaudra mieux faire autrement.

- Si vous avez vous-même une décision à prendre, évaluez les différentes solutions à voix haute pour initier votre enfant à l'art du choix.